ANALISI DEL LIBRO

AF153922

Madame Bovary

• • • • • • • • • • • •

GUSTAVE FLAUBERT

ANALISI DEL LIBRO

Scritto da Pauline Coullet
Tradotto da Sara Rossi

Madame Bovary

G ustave F laubert

MUST
READ

La conoscenza a portata di mano!

MUST READ

www.50minutes.com

Ripassate i vostri argomenti preferiti con i nostri titoli pratici

GUSTAVE FLAUBERT

SCRITTORE FRANCESE

- **Data e luogo di nascita: Rouen, 1821**
- **Data e luogo di morte: Rouen, 1880**
- **Opere:**
  - *Salammbô* (1862), romanzo
  - *Educazione sentimentale* (1869), romanzo
  - *Bouvard et Pécuchet* (1881), romanzo incompiuto

Gustave Flaubert nacque nel 1821 a Rouen. Appassionato di scrittura, scoprì giovanissimo la sua vocazione letteraria. Nel 1841 si trasferì a Parigi per iniziare gli studi di legge, che abbandonò poco dopo. L'autore si stabilì quindi a Croisset, lungo la Senna, e iniziò a frequentare le società letterarie dell'epoca. Fece amicizia con personaggi come Charles Baudelaire (poeta francese, 1821-1867), Ivar Turgenev (scrittore russo, 1818-1883), George Sand (letterata francese, 1804-1876) e Guy de Maupassant (scrittore francese, 1850-1893), per i quali sarebbe poi stato un modello.

Perfezionista ossessivo, difendeva la letteratura riflessiva e sognava di scrivere "un libro sul nulla". La sua opera, che si distingue anche per la profondità dello studio psicologico dei personaggi, è un assaggio dei numerosi sviluppi che il romanzo subirà nel XX secolo. Flaubert morì nel 1880, lasciando diversi romanzi incompiuti e una vasta corrispondenza.

MADAME BOVARY

RITRATTO DI SIGNORA BORGHESE

- **Genere:** romanzo
- **Edizione di riferimento:** Flaubert, G. (1847) *Madame Bovary*. New York: Brentano's Pulishers.
- **Prima edizione:** 1856
- **Tematiche:** noia, amore, matrimonio, adulterio, disperazione, suicidio

Ispirato a un fatto di cronaca avvenuto in Normandia, il romanzo *"Madame Bovary"* fu pubblicato per la prima volta nel 1856 sotto forma di romanzo a puntate sulla *Revue de Paris*, prima di apparire in un unico volume nel 1857. Dopo la sua pubblicazione, fu fonte di scandalo: fu intentata un'azione legale contro Flaubert per immoralità, accusa dalla quale, poi, fu assolto.

"Madame Bovary" ritrae una giovane signora borghese che si annoia nel suo matrimonio e cerca conforto in amanti di passaggio. Il romanzo diede il via a una vera e propria rivoluzione nella prosa: la complessità psicologica dei personaggi, la narrazione impersonale e i molteplici punti di vista costringono il lettore a trarre la propria interpretazione dell'opera. *"Madame Bovary"* ebbe un grande successo nel XX secolo, durante il quale diventò un inesauribile oggetto di studio.

SINTESI

PRIMA PARTE

Charles Bovary, un "ragazzo di campagna", inizia la scuola a Rouen in quinta elementare. Studente povero e mediocre, riesce comunque a raggiungere la posizione di funzionario sanitario. La madre lo costringe a sposare una ricca vedova che presto muore di disperazione perché rovinata dal suo notaio.

Una notte d'inverno, Charles viene chiamato al capezzale di padre Rouault, un contadino benestante che si è appena rotto una gamba. Incontra sua figlia Emma. Dopo la morte della vedova e intuendo i sentimenti tra i due giovani, Rouault dà la mano della figlia a Charles.

Dopo il matrimonio, la coppia va a vivere a Tostes, dove Charles officia. Ben presto Emma si rende conto che la realtà non corrisponde a ciò che ha letto nei suoi romanzi sentimentali. Charles è un marito affermato, ma privo di mistero e raffinatezza. La noia della moglie cresce di giorno in giorno e lei è sempre più sensibile all'ostilità e alla gelosia della suocera. Alla fine di settembre, un invito a un ballo pone fine all'isolamento della giovane Bovary.

Questo evento è una gioia per Emma, che da quel momento in poi non smette di sognarlo. Si rifugia nei sogni e nei romanzi per combattere la tristezza e la stanchezza. Un anno e mezzo dopo il ballo, le viene diagnosticato un disturbo nervoso. Per questo motivo, la coppia decide di trasferirsi per cambiare aria e andare a vivere a Yonville. Emma è incinta.

PARTE SECONDA

La sera del loro arrivo, incontrano il signor Homais, il farmacista, e Léon Dupuis, con cui Emma ha una conversazione romantica. Dopo la nascita della piccola Berthe, tra Emma e Léon si sviluppa un legame. Léon vorrebbe dichiarare il suo amore, ma la sua timidezza glielo impedisce.

Una passeggiata nel quartiere di Yonville, accompagnata da Homais e Léon, offre a Emma l'opportunità di confrontare la piattezza di Charles con il fascino del giovane. Capisce che Léon è innamorato di lei, ma presto, a causa della malinconia, lascia Yonville. Questo primo amore sembra destinato a rimanere platonico.

Il disagio di Emma ritorna di nuovo, ma un giorno Rodolphe Boulanger, un proprietario terriero, entra in contatto con i Bovary quando uno dei suoi contadini ha bisogno di un salasso. Trova la moglie di Charles molto bella. Single e donnaiolo incallito, decide immediatamente di sedurla.

Alla fiera della contea di Yonville, Rodolphe continua i suoi tentativi di seduzione. In seguito, suggerisce di andare a cavallo per curare la nevrastenia di Emma. I due diventano amanti, ma alla fine Rodolphe si annoia e ha persino paura dell'esaltazione della sua amante.

Emma entra, quindi, in un periodo di esitazione. È sopraffatta dal rimorso, ma il fallimento di un'operazione su una persona con il piede torto che Charles ha sconsideratamente eseguito la fa distaccare irrimediabilmente da lui. In seguito, ritrova il suo amante con maggiore ardore.

Emma si tuffa a capofitto in questa relazione e prende in prestito sempre più denaro dal signor Lheureux per comprare regali a Rodolphe. I due piccioncini progettano di fuggire, ma è solo un trucco, perché il giorno prima della partenza prevista, Rodolphe lascia la città da solo, lasciando una lettera alla giovane donna. Disperata, la ragazza si ammala gravemente. Pensa addirittura al suicidio. Durante la convalescenza, il signor Lheureux tormenta Charles per recuperare le somme che ha prestato a Madame Bovary. Charles chiede un prestito a sua volta e si prende amorevolmente cura di lei.

Per intrattenere la moglie, Charles la porta a vedere una rappresentazione teatrale a Rouen dove, per caso, incontrano Léon che li invita a rimanere un altro giorno in città.

PARTE TERZA

Léon ottiene un incontro per il giorno seguente alla cattedrale. Propone a Emma di fare un giro in carrozza a Rouen (si tratta di una famosa scena del romanzo che suggerisce il loro amore, senza che venga chiarito esplicitamente). Di nuovo a Yonville, Madame Bovary trova il modo di tornare a Rouen per tre giorni senza il marito dove vive una vera e propria luna di miele con Léon.

Il signor Lheureux fa sempre più pressione sulla coppia e spinge Emma a impegnarsi pericolosamente in una serie di crediti impossibili da ripagare. Nel frattempo, la donna riesce a trovare varie scuse per recarsi regolarmente a Rouen. Tuttavia, le cose sfuggono di mano. Le scadenze delle cambiali del banco dei pegni si avvicinano e lei non riesce a pagare. Inoltre, la sua relazione con Léon sta andando a rotoli: entrambi si annoiano. Emma alterna speranza e delusione e la passione si affievolisce.

Infine, la trappola di Lheureux si chiude: mette Emma alle strette e la costringe a rimborsare i suoi debiti, ma lei non ha soldi. Disperata, va a cercare i suoi amanti, che si rifiutano di aiutarla. Sconvolta, si reca da uno speziale e ingerisce un flacone di arsenico. Gli effetti si fanno subito sentire: Emma muore.

Charles sceglie un mausoleo pomposo per la tomba e litiga definitivamente con la madre. Gli rimane solo la figlia. Padre Rouault è disperato, come Charles, che è assillato dai creditori. Charles trova la lettera di Rodolphe in soffitta. Viene a sapere del matrimonio di Léon e scopre tutte le sue lettere a Emma. Il giorno dopo, la piccola Berthe trova il padre morto sulla panchina del giardino.

I PERSONAGGI

EMMA BOVARY

Presentata con poche parole, Emma è una provinciale romantica e immatura, vittima di letture e illusioni d'amore. Prende marito e crede di aver trovato l'amore, ma delusa e annoiata, cerca la passione altrove, tra le braccia di due uomini. Si annoia di nuovo, rimane insoddisfatta e finisce per uccidersi. Tuttavia, questo non riassume la complessità del personaggio. Diversi ritratti sono sparsi nel testo e tutti la dipingono come una donna bellissima. La narrazione in terza persona permette di variare le prospettive. La donna è vista dal marito, dai due amanti, dai personaggi secondari e dal narratore. Tutte queste percezioni sono piene di desiderio. A volte Emma si contempla allo specchio e il suo stesso sguardo è pieno di desiderio. Quello degli uomini è solo un pretesto per il suo, che non viene mai soddisfatto. La delusione è sempre in agguato.

Il suo cognome e il suo nome riflettono la lotta tra l'ideale, il sogno, l'aria, il desiderio (*Emma*) e il lato terriero (*Bovary* che significa "bue"). Il suo matrimonio (che poi cambierà il nome da Rouault a Bovary) è il primo passo del suo calvario, poiché viene marchiata da questa opposizione tra i suoi sogni e la realtà.

Si lancia costantemente in una fantasia che si scontra con il mondo concreto e contadino. La sua immaginazione si nutre dei romanzi che legge. C'è anche un'originalità in questo personaggio: l'autore si prende gioco della sua eroina ogni volta che può; insomma, per Flaubert, Emma non è migliore degli altri e tutti i protagonisti sono sciocchi. Anche per questo sarebbe difficile considerare Madame Bovary come una vittima e un'immagine della condizione femminile nel XIX secolo.

Il Bovarysmo è, quindi, l'infinita possibilità di sognare e di essere sempre delusi dalla realtà. Vedremo più avanti che questo antagonismo è al centro dello stile di Flaubert.

CHARLES BOVARY

Charles è un uomo semplice e molto comune. Si potrebbe addirittura dire che è una sorta di provinciale fallito. All'inizio del romanzo, viene presentato come ridicolo: voleva diventare medico, ma è solo un ufficiale sanitario. Inoltre, quando, spinto da Homais, tenta una delicata operazione al piede torto, fallisce miseramente ed è costretto a tagliare la gamba dello sfortunato paziente.

Ama la moglie e non la crede mai colpevole; viene a sapere del suo tradimento solo dopo la sua morte ed è probabilmente questo che lo ucciderà. Soprattutto, è un uomo maldestro che non capisce la moglie, non si rende conto che Léon, Rodolphe e persino Homais non sono suoi amici e non vede nemmeno che Emma lo sta rovinando.

Tuttavia, è anche uno dei personaggi più accattivanti, che esiste realmente nel testo solo prima della comparsa di Emma e dopo la sua morte, un po' come se l'eroina occupasse tutto lo spazio disponibile (gli viene persino dedicato un monologo interiore all'inizio del romanzo, che, come vedremo, dà importanza al protagonista nel sistema flaubertiano). Per uno strano destino e un curioso rovesciamento della situazione, anche se troppo tardi, alla fine diventa lo stesso tipo di personaggio romanzesco/romantico che Emma avrebbe potuto amare.

Queste due caratteristiche, volgarità e banalità, sensibilità e profondità psicologica, fanno di Charles un personaggio ricco e complesso come un vero essere umano.

LÉON DUPUIS

Léon sembra fatto apposta per Emma: è un bel personaggio, delicato e romantico, che adora l'eroina come se fosse una dea. Tuttavia, appare arido e del tutto privo di generosità quando la giovane donna cerca aiuto da lui e gli chiede di prestarle del denaro: egli rifiuta, anche se, durante la loro relazione, aveva sempre beneficiato della generosità della sua amante.

In breve, come Charles, è un uomo mediocre. Incarna la derisione dei sogni romantici, ma in modo molto più debole di Emma, che è piena di forza ed energia. Soprattutto, è il primo passo sulla strada del desiderio per Madame Bovary che, dopo di lui, cede a Rodolphe, prima di tornare a possederlo a sua volta.

RODOLPHE BOULANGER

Rodolphe è un nobile locale e un grande seduttore di donne. Flaubert ne ha fatto una sorta di Don Giovanni di provincia.

A differenza di Léon, non prova mai veri sentimenti per Emma. La sua generosa amante lo ricopre di doni e la mette alla mercé del prestatore Lheureux. Quando lei torna da lui alla fine del romanzo per chiedergli del denaro – offrendosi di compensarlo sessualmente – lui rifiuta.

Il suo ruolo più significativo è probabilmente la capacità di sedurre Madame Bovary e di avviarla a una passione carnale che non aveva mai sperimentato prima.

SIGNOR HOMAIS

Homais è probabilmente il protagonista più importante del romanzo, sebbene sia un "personaggio secondario". Egli appartiene al filone del grottesco triste che si ritrova in tutta l'opera di Flaubert. Si pensi, per citarne solo alcuni, ai personaggi dell'impiegato (*Une leçon d'histoire naturelle: genre commis*), del signor Arnoux (*Educazione sentimentale*), di Bouvard e Pécuchet (*Bouvard et Pécuchet*), ecc. È l'epitome della stupidità umana (Homais, derivato dal latino *homo, hominis*, che significa "uomo").

È il modello dello sciocco pretenzioso, pedante e maligno. Anticlericale, ma desideroso di una "religione per il popolo", si presenta come un difensore della proprietà privata e sogna l'onore pur rifiutando il sistema. È lui ad avere "l'ultima parola" nel libro, in una sorta di lieto fine borghese in cui è evidente la derisione di Flaubert: Homais "aveva appena ricevuto la croce dell'onore".

Questo personaggio, che diventa sempre più importante, appare solo nella seconda parte della trama. Fa colpo sulla città, dove è considerato un intellettuale perché è speziale, "editore di opuscoli scientifici" (uno solo in realtà, sulla fabbricazione del sidro!) e corrispondente del *Fanal* di Rouen (giornale della città). È uno sciocco, ma il suo orgoglio e il suo tono colpiscono la gente comune.

Ha anche un ruolo molto curioso in termini di schema narrativo, in quanto è sempre presente nei momenti in cui la storia prende una piega: è lui che annuncia lo svolgimento della fiera della contea (dove Rodolphe seduce Emma), è lui che suggerisce di andare a teatro a Rouen e di andare a cavallo (con Rodolphe), è lui che suggerisce di prendere lezioni di pianoforte (con Léon) e anche lui che indica – involontariamente – dove è conservato l'arsenico, in presenza di Madame Bovary.

ANALISI

TRA REALISMO E ROMANTICISMO

Spesso si è soliti collocare Flaubert tra i romanzieri realisti della seconda metà dell'Ottocento. In realtà, la sua opera si colloca piuttosto tra:

- Realismo classico (Balzac): ritrae la squallida realtà ed evoca le cose in tutta la loro banalità;

- Lirismo romantico: c'è una propensione al sogno romantico, una sorta di idealismo, anche se quest'ultimo finisce sempre per "sgonfiarsi".

Lo scrittore fornisce un esempio con la famosa scena della fiera della contea, che rappresenta un punto di transizione nella trama, una "mise en abyme" della struttura del romanzo e un dittico che illustra le due facce dell'opera. I discorsi grotteschi dei politici sull'agricoltura si mescolano, in modo piuttosto comico, alle parole romantiche di Rodolphe ed Emma. In entrambi i lati c'è un "abbassamento": i due discorsi sono pieni di luoghi comuni e stereotipi. "*Madame Bovary*" è, quindi, innanzitutto un libro sulla stupidità universale. È un'illustrazione romanzesca del "*Dizionario delle idee acquisite*".

Rodolphe, che in questo brano cerca di sedurre Emma, illustra questi due aspetti del romanzo nel suo discorso sulla moralità:

> "Ah! Ma ce ne sono due", rispose. "Il piccolo, il convenzionale, quello degli uomini, quello che cambia in continuazione, quello che sbraita così forte,

> *quello che fa tanto chiasso qui sotto, della terra terrena, come la massa di imbecilli che vedi laggiù. Ma l'altro, l'eterno, che è intorno a noi e sopra di noi, come il paesaggio che ci circonda e il cielo azzurro che ci dà luce."*

Anche qui Flaubert riesce a prendersi gioco di questa tentazione lirica dello chatelain che, mentre flirta con Emma, non può fare a meno di ammirare la bella groppa delle mucche che pascolano sotto.

Questi due elementi contraddittori – lo slancio verso il puro, l'ideale e il movimento di abbandono verso il basso, verso la delusione – sono necessari per rendere conto del mondo intero e della sua complessità. Da una prospettiva un po' scolastica, si potrebbe dire che in questo modo l'autore mostra la transizione tra romanticismo e realismo:

> *"Flaubert scriveva con un "odio per il realismo", cioè lontano da un mero resoconto descrittivo di cose, atteggiamenti, eventi, società, ma scriveva anche con un odio per le false idealità dei sentimenti." (Neefs, 2009: 21-30)*

DESCRIZIONE E REALISMO SOGGETTIVO

Nei romanzi tradizionali, la descrizione è sempre stata presente per sostenere, collocare e datare la storia. I dettagli conferiscono alla storia una maggiore verità (o meglio, verosimiglianza – Barthes, 2002: 25-32) e ci insegnano anche qualcosa in più sulla società, sulle maniere e sul paese in questione, ma sono sempre secondari rispetto alla trama del romanzo e servono soprattutto a trasportarci in un altro luogo, in un luogo descritto come reale e che dovrebbe diventarci familiare come gli eventi della nostra vita.

Tuttavia, con Flaubert e *"Madame Bovary"*, scopriamo che "la storia è così insignificante che, in realtà, il vero soggetto dell'opera è non averne una" (Bolleme, 1964: 193). Per quanto riguarda la descrizione di Flaubert, non si tratta di una banale evocazione né di un semplice decoro a sostegno dell'azione. Non è una "moltitudine di dettagli descrittivi inutili", come sostiene il critico Louis Edmond Duranty: "*Madame Bovary* rappresenta l'ostinazione della descrizione. […] Non c'è emozione, né vita, né sentimenti in questo romanzo" (rivista *Réalisme*, 15 marzo 1857).

In effetti, si può parlare di "realismo soggettivo":

- Le descrizioni di Flaubert cercano di trasfigurare la realtà. Soprattutto lo stato mentale di un personaggio che vede, sente e ascolta. La realtà viene trascritta dopo aver attraversato l'interiorità del protagonista.

- Attraverso questa focalizzazione sull'oggetto esterno e il suo inserimento nella soggettività, la descrizione diventa un evento e prende quasi il posto della narrazione.

- Questa interiorizzazione dell'oggetto avviene attraverso la sensazione. Flaubert ci fa sentire le cose e non ci permette di analizzarle. Preferisce una forma di "conoscenza per contatto", che implica una certa libertà di interpretazione per il lettore, poiché le cose sono dette in silenzio e l'implicito è sempre presente.

Per illustrare questi punti, utilizzeremo un altro famoso passaggio del romanzo, che avviene quando Emma e Charles sono soli nella cucina della fattoria Bertaux (Parte 1, Capitolo 3):

Andò laggiù un giorno, verso le tre; tutti erano al lavoro nei campi; entrò in cucina ma non vide subito Emma; le imposte erano chiuse. Attraverso le fessure del legno il sole disegnava sul pavimento lunghe linee sottili di luce che si spezzavano contro gli angoli dei mobili e tremolavano sul soffitto. Sulla tavola le mosche salivano lungo i bicchieri sporchi e, ronzando, affogavano nel sidro rimastovi. La luce che filtrava dal camino rendeva simile a un velluto la fuliggine della piastra e colorava di un pallido azzurro la cenere fredda. Emma cuciva, fra il focolare e la finestra; non portava il fazzoletto da collo e sulle spalle nude aveva piccole gocce di sudore. Come si usa in campagna, Emma gli offrì di bere qualcosa. Charles rifiutò, ella insistette e ridendo gli propose di bere con lei un bicchierino di liquore. Andò a prendere nell'armadio una bottiglia di curaçao, con due bicchieri, ne riempì uno fino all'orlo, versò nell'altro una piccolissima dose e, dopo aver brindato, lo portò alla bocca. Poiché era quasi vuoto, fu costretta ad arrovesciare il capo per bere: con la testa all'indietro, le labbra protese, il collo 17 reclinato, rideva perché non sentiva nessun sapore e, allungando la punta della lingua fra i denti minuti, dava leccatine al fondo del bicchiere. Poi si rimise a sedere e ricominciò a rammendare una calza bianca di cotone. Lavorava in silenzio, a capo chino. Anche Charles taceva. L'aria, passando sotto la porta, spingeva un bioccolo di polvere sulle lastre del pavimento e lui lo guardava spostarsi; riusciva soltanto a sentire la testa che gli pulsava e il gridare lontano di una gallina che aveva fatto l'uovo in qualche aia. Di tanto in tanto, Emma si rinfrescava le gote premendovi il palmo delle mani fatte raffreddare sui pomoli di ferro dei grandi alari. Si lagnava di provare talvolta, con il cambiamento della stagione, un senso di stordimento; gli domandò se i bagni di mare le avrebbero giovato; poi prese a parlare del convento e Charles del suo collegio; la conversazione si avviò. Salirono nella camera di lei .

Questo testo illustra il fenomeno del realismo soggettivo. I primi tre paragrafi sono interamente percepiti da Charles. La sua attenzione si concentra su ciò che le sue emozioni gli dicono di pensare: le mosche che annegano nel bicchiere, le perle di sudore sulle spalle nude di Emma, il suo leccare avidamente il curaçao e il calore delle guance della giovane donna. Come non sentire l'imbarazzo, la timidezza, l'ansia, ma anche il desiderio dell'ufficiale sanitario dietro queste sensazioni? Egli percepisce il mondo secondo il suo "battito interiore". Elementi puramente materiali vengono quindi messi in relazione con sentimenti appena abbozzati.

Tuttavia, anche il mondo può intromettersi, in tutta la sua irriducibilità. Anche se i personaggi sembrano animare gli oggetti attraverso i loro sentimenti, mettendoli in contatto con la loro interiorità, forse questo oggetto è lì anche per invalidare il significato che vogliamo dargli: "Questa descrizione della sensazione porta con sé un significato psicologico, o riflette semplicemente un'estasi materiale, uno stupore privo di significato e una sensazione di pura realtà?" (Adert, 1996: 87). In altre parole, stiamo cercando di dare un significato a qualcosa che non ha senso?

Nell'opera di Flaubert coesistono due possibilità. La percezione del mondo esterno può:

- simboleggiare uno stato d'animo, un'emozione o un sentimento;

- o tradurre una pura sensazione, una realtà priva di significato.

Qualunque sia la posizione che il lettore sceglie di assumere, possiamo dire che il realismo di Flaubert implica una relazione tra noi e il mondo: egli cerca di stabilire una complicità tra le persone e gli oggetti; Flaubert potrebbe dire di tutti i suoi libri quello che ha detto di *Salammbô*: "Non c'è mai nel mio libro una descrizione isolata e libera; tutte *servono* (sottolinea questo punto) ai miei personaggi e hanno un'influenza lontana o immediata sull'azione" (Lettera a Sainte-Beuve, 23-24 dicembre 1862).

STILE INDIRETTO LIBERO E MONOLOGO INTERIORE

Conosciamo tutti la famosa frase di Flaubert sullo stile: "Quello che vorrei scrivere è un libro sul nulla, un libro senza attaccamenti esteriori, che sarebbe tenuto insieme dalla forza interiore del suo stile […] un libro che non avrebbe quasi nessun soggetto o almeno in cui il soggetto sarebbe quasi invisibile". (Lettera a Louise Colet, 16 marzo 1852).

Senza entrare in questa discussione, vorremmo affrontare brevemente la questione dello stile indiretto libero e del monologo interiore utilizzato da Flaubert.

Lo stile indiretto libero è spesso presente nei monologhi interiori e questi sono spesso utilizzati dall'autore per tutti i personaggi.

Per misurare l'importanza di una protagonista per lo scrittore, è sufficiente misurare la quantità di monologhi interiori che l'autore le ha concesso. Emma è la chiara vincitrice in questo caso, poiché il monologo interiore è una forma di bovarismo: il lettore scopre dall'interno, senza mediazioni, tutto ciò che l'eroina reprime, tutto il mondo dei sogni che non riesce a raggiungere e nemmeno a comunicare nella sua vita quotidiana.

 ## INFORMAZIONI AGGIUNTIVE: STILE INDIRETTO LIBERO

Lo stile indiretto libero è un tipo di discorso che viene riportato per trascrivere le parole o i pensieri di una persona, senza che questi siano esplicitamente segnati nel testo, come nel caso dello stile diretto (Ha detto: "Vai via!") e dello stile indiretto (Gli ha detto di andare via). Tuttavia, possono rimanere alcune indicazioni di oralità (ad esempio, i punti esclamativi).

Grazie a questo metodo stilistico, possiamo entrare nell'interiorità del personaggio senza nemmeno accorgercene. Questa è la forza dello stile indiretto libero, che non si distingue facilmente dalla narrazione, al punto che a volte è difficile capire se è la voce del personaggio, quella di Flaubert o quella dell'opinione pubblica e delle voci che invadono il testo.

ULTERIORI RIFLESSIONI

ALCUNE DOMANDE SU CUI RIFLETTERE:

- Individuate cosa appartiene all'estetica realista e cosa al romanticismo in *"Madame Bovary"*.

- In che modo la scena della fiera della contea costituisce una "mise en abyme" del romanzo?

- "La storia è così insignificante che, in realtà, il vero soggetto dell'opera è non averne una". Commentate questa citazione su *"Madame Bovary"*.

- Quali sono le caratteristiche del realismo soggettivo di Flaubert?

- Cosa rende originali le descrizioni dell'autore?

- Che cos'è il bovarismo?

- Secondo voi, l'autore denuncia i pericoli della lettura in questo libro?

- Identificate gli stereotipi imitati in questa narrazione.

- Secondo voi, perché Flaubert usa sia lo stile indiretto libero che i monologhi interiori?

- In che modo questo romanzo incarna la stupidità umana?

- Perché possiamo dire che il titolo del testo contiene già tutta la portata tragica dell'opera?

PER APPROFONDIRE

EDIZIONE DI RIFERIMENTO

Flaubert, G. (1847) *Madame Bovary*. New York: Brentano's Pulishers.

STUDI DI RIFERIMENTO

Adert, L. (1996) *Les Mots des autres. Lieu commun et création romanesque dans les œuvres de Gustave FLaubert, Nathalie Sarraute et Robert Pinget*. Lille: Presses Universitaires du Septentrion.

Barthes, R. (2002) L'Effet de reel. *Opere complete. Tomo III.* Paris: Seuil.

Bolleme, G. (1964) *La Leçon de Flaubert*. Parigi: 10/18.

Flaubert, G. (1998) *Correspondances*. Parigi: Gallimard.

Neefs, J. (2009) La Prose du reel. *Le Flaubert reel*. Berlino: Walter de Gruyter.

Herschberg Pierrot, A. (1993) *Stylistique de la prose*. Parigi: Belin Sup.

Starobinsky, J. (1983) L'échelle des temperatures. *Un lavoro di Flaubert*. Parigi: Seuil.

ADATTAMENTI CINEMATOGRAFICI

Madame Bovary è stata oggetto di numerosi adattamenti cinematografici, tra cui:

Madame Bovary. (1933) [Film]. Jean Renoir. Dir. Francia: Nouvelle Société des Films (NSF).

Madame Bovary. (1991) [Film]. Claude Chabrol. Dir. Francia: MK2 Productions.

Vogliamo sapere da voi!
Lasciate un commento sulla vostra biblioteca online
e condividete i vostri libri preferiti sui social media!

Perché scegliere Must Read?

Scoprite tutto quello che c'è da sapere su un libro, con i nostri riassunti e le nostre analisi concise e approfondite!

Scoprite il meglio della letteratura sotto una luce completamente nuova!

www.50minutes.com

Sebbene l'editore faccia ogni sforzo per verificare l'accuratezza delle informazioni pubblicate, 50minutes.com non si assume alcuna responsabilità per il contenuto di questo libro.

© 50minutes.com, 2023. Tutti i diritti riservati.

www.50minutes.com

Master ISBN: 9782808689687
ISBN cartaceo: 9782808611084
Deposito legale: D/2023/12603/1388

Copertura: © Primento

Concezione digitale a cura di Primento, il partner digitale degli editori.